Die Weihnachtsgeister,
die ich rief

Olivier Watroba

DIE WEIHNACHTSGEISTER, DIE ICH RIEF

Eine Adventskalendergeschichte

GEV

© GEV (Grenz-Echo Verlag), Eupen (B), 2024
www.gev.be
buchverlag@grenzecho.be

ISBN 978-3-86712-203-0
D/2024/3071/14

Layout: GEV, Eupen

Mit freundlicher Genehmigung der Edition Bärenklau

Printed in EU

Diese Kurzgeschichte widme ich unseren Eltern,
die uns die Weihnachtszeit immer versüßt haben,
und das nicht nur in kulinarischer Hinsicht.

DANKE!

ERSTER TEIL: DAS MUSS WOHL DER WINTER SEIN...

1. Türchen

Online-Artikel des „GrenzEcho" vom 22.12.
Große Suchaktion im Hertogenwald
Immer noch keine Spur von Talin L. (17)
Eupen – Seit dem späten Samstagabend, 20. Dezember, wird der
17-jährige Jugendliche Talin L. vermisst.

Ein Großaufgebot an Einsatzkräften, bestehend aus Holzrückern, Feuerwehr und Polizei, sucht seit Samstagnacht im Hertogenwald nach einem vermissten 17-jährigen Jugendlichen.

Dieser war am Samstagabend gegen 22.00 Uhr zu einer Nachtwanderung in der Nähe der Eupener Wesertalsperre aufgebrochen. Seine Eltern, die zu jenem Zeitpunkt auf einer Weihnachtsfeier eingeladen waren, machten sich Sorgen, als ihr Sohn sich plötzlich nicht mehr – wie vereinbart – in regelmäßigen Abständen per Kurznachricht auf seinem Handy meldete.

Unter der Federführung der Eupener Lokalpolizei startete eine große Vermisstensuche mit Forstamt und Freiwilliger Feuerwehr im Umkreis des Getzbaches, wo das Smartphone des Jugendlichen per GPS geortet wurde, und zwar unmittelbar unter einer Brücke, deren Umkreis im Volksmund als „Trienemännchens Loch" bekannt ist.

Die Suche wurde gegen 02.00 Uhr ohne Erfolg unterbrochen und am Sonntagvormittag fortgesetzt, wobei neben den Fußmannschaften auch Suchhunde ausrückten. Der Nebel über Wald und Wiesen hatte sich ebenfalls gelichtet, so dass auch ein Polizeihubschrauber zur Suche aus der Luft anfliegen konnte.

Der Helikopter flog unter anderem die Achse bis zur parallel verlaufenden Monschauer Straße an. Die Einsatzkräfte am Boden suchten dieselbe Strecke zu Fuß ab. Wegen des unwegsamen Geländes war der Einsatz von Fahrzeugen stellenweise unmöglich. Die groß angelegte Suchaktion wird fortgesetzt, verläuft bislang aber ergebnislos.

Die Beschreibung des Vermissten:
Talin L. ist etwa 185 cm groß, schlank und hat braune Dreadlocks, die unter seiner roten Pudelmütze hervorlugen. Er trägt eine dunkelgrüne Fleecejacke mit neongelben Streifen und führt einen großen Rucksack in Form eines Nintendo Entertainment System-Controllers mit sich.
Wer Angaben zum derzeitigen Aufenthaltsort von Talin L. machen oder sonstige Hinweise geben kann, wird gebeten, sich mit der Polizei in Eupen (Telefon [...]) oder jeder anderen Polizeidienststelle in Verbindung zu setzen.

2. Türchen
22. Dezember, nachmittags

„Die Suchaktion verläuft bislang ergebnislos'", murmelte Hauptinspektor Willems in seinen buschigen, mit Puderzucker gesprenkelten Schnauzbart hinein. „Da kann ich euch zur Abwechslung mal nich' widersprech'n."

„Tschuldigung, was ham Sie gesagt?", rief Inspektor Mertens zwei Schreibtische weiter, ein junger, aufstrebender Polizist, der keinen Hehl daraus machte, dass er gerne die Stelle von Willems bekleiden würde, sobald dieser in ungefähr drei Monaten in Rente gehen würde.

Im „Belgischen Rundfunk" spielten sie angesichts der bevorstehenden Festtage Weihnachtsklassiker am laufenden Band; soeben gab beispielsweise Frank Sinatra zu verstehen, dass das Wetter draußen besch...eiden, dafür aber das Kaminfeuer schweinebehaglich sei; und da er und sein Feinliebchen nix Besseres zu tun hätten, sei es ihm völlig wurscht, wenn sieben Schneeschaufler sieben Schaufeln Schnee schaufeln würden.

Nun, was Willems betraf, hätte Frank Sinatra mal lieber nicht den Teufel an die Wand singen sollen, denn es schneite in der Tat, und zwar nicht zu knapp. Väterchen Frost hatte Ostbelgien fest im Griff und war laut Wetterbericht nicht gewillt, seine eisigen Daumenschrauben alsbald zu lockern.

„Ach, nix, hab' nur mit mir selbst gesprochen", raunte Willems gedankenverloren und biss ein weiteres Stück vom Christstollen ab, den er, zusammen mit einem Paket Butter, heute Morgen aus einer Laune heraus für seine MitarbeiterInnen gestiftet hatte. Zu seiner Freude war er mit überdurchschnittlich vielen kandierten Früchten sowie großzügigen Zuckerstückchen gespickt, ganz abgesehen von der millimeterdicken Puderzuckerschicht, mit welcher er bestäubt war. Schon nach zwei Bissen sah Willems aus, als habe er sich in der Asservatenkammer an einem Tütchen Kokain gütlich getan.

„Sie ham da wat am Schnurrbart!", grinste Mertens, der sich auf seinem klapprigen Drehstuhl zurückgelehnt hatte und seinen Kollegen taxierte, sich aber mit weiteren Kommentaren zurückhielt, da er erst seit Kurzem zur R(egionalen). C(omputer). C(rime). U(nit). gewechselt hatte und den alten Knochen noch nicht richtig einschätzen konnte.

Dieser wischte geistesabwesend mit dem Handrücken über seine Mundpartie (was den Puderzucker nur weiter verteilte), klappte seinen Laptop zu und widmete sich aufs Neue einem türkisfarbenen Handy, das er nur kurz beiseitegelegt hatte, um die neusten Schlagzeilen zum Verschwinden von Talin L. zu lesen.

3. Türchen

22. Dezember, nachmittags

Das Smartphone hatten die Kollegen von der Spurensicherung tatsächlich unter der Brücke am „Trienemännchens Loch" gefunden, wo es zwischen zwei Steinen festgeklemmt gelegen hatte; ein paar Zentimeter tiefer wäre es ins Wasser geplumpst und für die Beamten unbrauchbar gewesen. Es grenzte jetzt schon an ein Wunder, dass es unversehrt geblieben war, immerhin hatte es stundenlang bei -5° im Freien gelegen; und hätte ein Haselstrauch oberhalb der Uferböschung es nicht mit seinen Zweigen abgeschirmt, wäre es zu allem Überfluss auch noch eingeschneit worden. So aber brauchten die KollegInnen bloß ein kompatibles Ladekabel aufzutreiben.

Die völlig verstörten Eltern des Jungen hatten bei der Vernehmung freundlicherweise den entsprechenden Pin-Code preisgegeben, so dass der knorrige Hauptinspektor nun, da der Akku wieder Saft hatte, zur Tat schreiten und das Smartphone nach brauchbaren Hinweisen über den Verbleib des Jungen durchforsten konnte.

Vorher hatten die Beamten jedoch eine profunde Hausdurchsuchung inklusive der im Keller installierten Tiefkühltruhe vorgenommen; im Falle eines verschwundenen, suizidgefährdeten Mädchens waren die betreffenden KollegInnen nämlich vor einigen Jahren ziemlich oberflächlich vorgegangen, so dass die verzweifelten Eltern einige Tage später anstelle einer Pizza den Leichnam ihrer Tochter zusammen mit einem Abschiedsbrief in der Gefriertruhe vorgefunden hatten.

Wie dem auch sei, anfangs hatten Willems' Kollegen bei der R.C.C.U. noch gewitzelt, ob sie dem altmodischen Hauptinspektor vielleicht sicherheitshalber einen Vertreter des belgischen Mobilfunkanbieters Proximus zur Seite stellen sollten.

„Nur zur Info, ihr Pappnas'n: Ich besitz' 'n Samsung Galaxy S24 Ultra 5G, mit 128GB Festplatte. Nur brauch' *ich* dat Teil vorwieg'nd zum Telefonier'n und Fotografier'n, und nich' als Statussymbol!", hatte Willems staubtrocken erklärt und damit vor allem die jüngeren Semester zum Schweigen gebracht, deren Gesichter eine Mischung aus Neid und Überraschung widerspiegelten.

Bevor Willems jedoch die letzten Bild- und Textdateien von Talins Handy sichten würde, beschloss er kurzerhand, ein wenig frische Luft zu schnappen und eine Runde über den Eupener Weihnachtsmarkt zu drehen.

4. Türchen

Wie sich herausstellte, war es von Vorteil, dass Hauptinspektor Willems sowie seine KollegInnen von der L(okalen). K(riminal). P(olizei). an jenem Vormittag diverse Freunde von Talin zur Befragung aufs Revier bestellt hatten. Im Verlauf der zahlreichen und stundenlangen Verhöre hatten die Beamten nämlich einige interessante Fakten zutage gefördert.

So wie's aussah, war Talins Schulklasse – er besuchte das 5. Sekundarschuljahr der Pater-Damian-Sekundarschule Eupen – im Deutschunterricht kurz vor den Weihnachtsprüfungen in der Deutschen Romantik angekommen; der betreffende Fachlehrer, ein schlaksiger und durchtrainierter Hüne Mitte 50, dessen langer, weißer Bart in jenen Tagen frappierend an den Nikolaus erinnerte, hatte seinen Schützlingen eingetrichtert, dass es sich die Literaten jener Epoche auf die Fahne geschrieben hatten, den Sagen und Legenden ihres jeweiligen Heimatortes auf den Grund zu gehen. Ganz nach dem Motto: Warum in die Ferne schweifen, wenn es genügend Lokalmatadore gab, die Stoff für spannende Geschichten lieferten?

Zu diesem Zweck hatte der im Herzen jung gebliebene Pädagoge seine SchülerInnen in Gruppen aufgeteilt und diesen diverse Dossiers ausgehändigt, die allesamt mysteriöse Vorfälle in Eupen und Umgebung zum Thema hatten. Neben „Wegelagerern im Wald" (17. Jahrhundert) über „Selbstjustiz und Rache" (19. Jahrhundert) bis hin zu „Messerstichen aus Eifersucht" (20. Jahrhundert) gab es unter anderem auch eine Eupener Volkssage, die von einem gewissen Forstmeister namens Peter Felden handelte. Sämtliche Schriftstücke waren Kopien aus einer mehrbändigen Reihe des Eupener Geschichts- und Museumsvereins V.o.G. mit dem Titel „Geschichtliches Eupen", der es sich zur Aufgabe gemacht hatte, den historischen Werdegang der ostbelgischen Kleinstadt an der Grenze zu Aachen akribisch zu protokollieren.

Wie dem auch sei, anfangs stöhnten und ächzten die SchülerInnen beim Anblick der umfangreichen Handouts, die selten weniger als sieben DIN-A4-Seiten umfassten. Als hätten sie mit dem Pauken für die anstehenden Weihnachtsprüfungen nicht schon genug um die Ohren! Im Verlauf der Lektüre stellte sich jedoch heraus, dass ihr Deutschlehrer mit dieser Aufgabe wieder mal seinem Ruf gerecht wurde, seinen Unterricht lebendig und interessant zu gestalten; jeder einzelne Vorfall hatte objektiv betrachtet das Zeug, zu einer spannenden Kriminalgeschichte umgeschrieben oder gar verfilmt zu werden. So auch die Sage von Peter Felden, mit deren Aufarbeitung Talin und seine Klassenkameradin Natalie betraut worden waren.

5. Türchen
22. Dezember, vormittags

„Also gut, Natalie: Biste bereit?", fragte Hauptinspektor Willems, als das Mädchen in dem engen Verhörraum Platz genommen hatte.

„Mm-hm", antwortete dieses schüchtern und sah sich besorgt um.

Für gewöhnlich waren ausschließlich die KollegInnen der L.K.P. für Verhöre zuständig, da Talins Handy momentan jedoch der einzige Anhaltspunkt im Fall des Vermissten war, hatte es der Zonenchef für angebracht gehalten, Hauptinspektor Willems von der R.C.C.U. hinzuzuziehen.

„Brauchst keine Angst zu ham!", beschwichtigte eine junge Polizistin das Mädchen, die gemeinsam mit Willems die Befragung leitete. „Wir werd'n dir bloß 'n paar Frag'n stell'n, und mit 'n wenig Glück hilfste uns dabei, deinen Freund wiederzufind'n. Is' das okay für dich?"

Sie macht ihre Sache gut!, dachte Willems bei sich, als er Inspektorin Claes aus dem Augenwinkel heraus beobachtete.

Die vorwiegend von Testosteron gesteuerte L.K.P. hatte ein wenig Östrogen aber auch bitter nötig! In dieser Hinsicht war Willems geradezu modern eingestellt; was Jugendliche und deren hormonell gesteuerte Denkweise anbelangte, so tat der Hauptinspektor sich wiederum schwer, diese zu verstehen. Mit Kleinkindern kam er deutlich besser zurecht, diese waren immerhin schnell beeindruckt und konnten folglich rasch zum Lachen gebracht werden. Jugendliche hingegen waren da schon von einem ganz anderen Kaliber; die meisten von ihnen hatten sich das Wort „Rebellion" auf die Fahne geschrieben und verhielten sich erfahrungsgemäß entsprechend unkooperativ, wenn sie mit ihrem Freund und Helfer in Konflikt gerieten.

‚Aber die hier wird uns wohl keine Schwierigkeit'n mach'n', dachte Willems erleichtert; schon ihr selbst gestrickter Winterpulli, auf dem eine Herde pixeliger, roter Rentiere vor einem blauen Hintergrund über einen schneeweißen Hügel sprangen, deutete daraufhin, dass er und seine Kollegin keine Querulantin vor sich hatten. Auch die zu einem Pferdeschwanz zusammengebundenen Haare, an denen noch die eine oder andere Schneeflocke klebte, wirkten eher bieder denn aufrührerisch, so dass die folgenden anderthalb Stunden wohl keine allzu große Herausforderung darstellen sollten.

„Möchteste wat trink'n?", erkundigte sich Inspektorin Claes, und bevor das Mädchen dankend ablehnen konnte, fügte sie rasch hinzu: „Vielleicht 'nen warm'n Kakao?"

Natalie, etwas überrumpelt, nickte zögernd, und bevor sie es sich anders überlegen konnte, glitt Claes hinaus und überließ gekonnt ihrem Kollegen das Feld. ‚Die müss'n w'r uns unbedingt warm halt'n!', dachte dieser noch, bevor er seinerseits zur Tat schritt:

„Erzähl doch mal, Natalie: Wat für 'n Typ is' Talin denn so?" Um ein Haar hätte er die Vergangenheitsform benutzt, was das Gespräch in eine eher ungünstige Ausgangslage gebracht hätte; innerlich hatte Willems sich jedoch darauf eingestellt, dass man die Leiche des Jungen innerhalb der nächsten Tage unter einer Schneewehe finden und die Opferbetreuerin der Polizeizone Weser-Göhl (benannt nach den beiden größten Flüssen der Region) ihres Amtes walten würde.

Das Mädchen zuckte die Achseln, was die Stoff-Rentiere munter Kapriolen schlagen ließ. „Keine Ahnung ...", murmelte dieses, was Willems innerlich resigniert aufseufzen ließ: Die Standardantwort eines Jugendlichen auf jede noch so einfache Frage. Aber er gab sich Mühe, Verständnis zu zeigen.

„Lass dir Zeit! Wir wiss'n, wie schwer dat für dich is'! Aber jeder noch so kleine Hinweis kann uns helf'n."

Diese sanfte Vorgehensweise lockte das Mädchen ein wenig hinterm Ofen hervor.

„Nun ja, Talin is' ziemlich beliebt bei seinen Klassenkamerad'n. Er hat 'nen v-log, wiss'n Se? Ich mein', so 'ne Art YouTube-Kanal, versteh'n Se?"

„Ja, ich versteh'. Talin hat also regelmäßig neue Videos zu bestimmt'n Them'n ins Netz gestellt und seine Meinung dazu geäußert. Stimmt's oder hab ich Recht?"

Der Anflug eines Lächelns huschte über Natalies Gesicht – das Mädchen sah in dem alten Polizisten offenbar nicht mehr nur „den Feind".

„Ja, genau!"

„Worum geht's denn in dies'n Beiträg'n?", erkundigte sich Willems neugierig.

„Na ja, um alles Mögliche. Se müss'n wiss'n, Talin is' ziemlich schlau und int'ressiert sich für die verschiedenst'n Them'nbereiche ... Viel'n Dank!", fügte sie hinzu, als Inspektorin Claes mit einer dampfenden Tasse Kakao in das enge Zimmer trat, auf der sogar ein Klecks Schlagsahne vor sich hin schwappte.

Die beiden PolizistInnen gaben dem jungen Mädchen Gelegenheit, einen Schluck von dem köstlichen Heißgetränk zu nehmen, bevor sie mit ihrem Verhör fortfuhren.

„Welches Thema hat's Talin denn zurzeit besonders angetan?", fragte Claes, die den bisherigen Verlauf des Gesprächs im Nebenraum auf einem Monitor verfolgt hatte, während sie den Kakao aufsetzte.

Erneut lächelte Natalie: „Eindeutig Peter Felden!"

„Peter Felden? Könnteste uns dat bitte genauer erklär'n?", bat Willems die Sekundarschülerin und setzte seinerseits ein Lächeln auf.

So wie der Schnee auf ihrem Haar, begann nun auch das Eis im Verhörraum zu schmelzen, so dass Natalie frei von der Leber weg zu erzählen begann ...

6. Türchen

Das Mädchen schien sich mit der Materie bestens auszukennen, denn als Hauptinspektor Willems nach dem Verhör die gesammelten Informationen mit denen aus der Ausgabe von „Geschichtliches Eupen" verglich, die er sich einige Stunden zuvor im „Medienzentrum", der öffentlichen Bücherei, ausgeliehen hatte, stellte er zu seinem Erstaunen fest, dass die fleißige Sekundarschülerin so gut wie nichts ausgelassen hatte.

Der Verfasser des Artikels, welcher Talin und Natalie von ihrem Deutschlehrer zur Verfügung gestellt worden war, berief sich seinerseits auf einen Eupener Weber, der nebenbei auch Küster der Werthkapelle und Leichendiener gewesen war.

Mathias Gouder, so der Name des Mannes, hatte in seiner Freizeit allerdings auch Gedichte und kurze Theaterstücke in der Eupener Mundart geschrieben. Was seine geneigten Zuhörer am meisten fasziniert hatte, waren seine Geschichten und Anekdoten aus dem frühen Eupener Volksleben gewesen, die er in zwangloser Folge zwischen 1914 und 1923 unter dem Titel „Wat de Almodder vertaut" („Was die Großmutter erzählt") in der damaligen Tageszeitung „Eupener Nachrichten" veröffent licht hatte. Diese besagte „Almodder" hatte ihrem Enkel eines Abends vom Forstmeister Peter Felden und seltsamen Vorfällen am „Trienemännchens Loch" berichtet. Da seine SchülerInnen die urwüchsige Dialektschreibweise weder lesen noch verstehen konnten, hatte der oben erwähnte Deutschlehrer sich die Mühe gemacht, die Erzählung kurzerhand ins Hochdeutsche zu übertragen:

7. Türchen

„Großmutter erzählte gerne von dem alten Felden, der unter der Düvelscheid in dem alten Peters'schen Haus gewohnt hatte. Er war ein Förster gewesen und bei den Einwohnern so verhasst wie das Feuer.

Zu der Zeit gab es viele Leute, die vom Wald lebten. Der eine besaß eine Kuh, der andere ein Schwein oder eine Ziege. Da gingen die Leute in den Wald und holten sich Gras oder Farnkraut fürs Vieh sowie ein Bündel trockenes Reisig zum Verheizen. Dann hieß es aber, die Augen offen zu halten ('de O'e de kaus geeve'); denn der kleine Felden hätte sich unter einem Eichenblatt verstecken können. Er machte sofort ein Protokoll, und damit war nicht zu spaßen; was folgte, war nämlich eine Vorladung fürs Gericht.

Die armen Leute konnten das durchaus nicht verknausen, wo ihnen der Wald doch von der österreichischen Erzherzogin und Königin Maria Theresia höchstpersönlich vermacht worden war. Sie schimpften und tobten 'wie der Lack' über den alten Teufelskerl.

Zu guter Letzt hatte der Felden aber ausgedient ('utscharmeert'). Er starb, und man fuhr ihn zu den Pappelweiden hinter dem Kloster."

An dieser Stelle begann die Sache für Natalie und Talin nach eigener Aussage interessant zu werden:

„Jetzt hatten die Waldläufer ('Boschlüü') aber auch freie Bahn ('d'r Vogel av'). Da wurde gestohlen, was nicht niet- und nagelfest war ('Wat'ent li'es en röhre wohr').

Eines Tages war Daaver Janne[1] gekommen und hatte erzählt, Felden wäre ihm beim 'Trienemännchens Loch' begegnet, wohin die Leute ihn zu Lebzeiten in Ärger und Zorn verwünscht hatten. Natürlich sagten alle Eupener: ,Glaubt so was nicht, der Daaver Janne ist verrückt!' Dieser aber blieb dabei und beschwor es hoch und heilig.

Nun gut! Drei so richtige Waldläufer hatten es riskiert. Sie hatten den Sack und das Seißle gepackt, eine Kruste Brot in den Kittel getan, etwas für die Pfeife und ein Viertel (,Zepänn') in der Flasche und waren auf 'Trienemännchens Loch' zugewandert.

Sie waren eine gute Stunde unterwegs gewesen, da war unverhofft unter den Tannen heraus etwas auf sie zugekommen. Was ein Schreck! Das war Felden gewesen, mit Haut und Haar. Er hatte auf einem Schimmel mit drei Füßen, einem bleiernen, gesessen und auf ein Horn geblasen. Die Drei hatten zitternd einander festgehalten und Todesangst ausgestanden. Was ein Glück, dass sie ein Tröpfchen fürs Herz dabei hatten!

Seit dieser Zeit hieß es in Eupen nicht anders, als Felden käme jede Nacht zwischen Zwölf und Eins durch das Langesthal herab geritten, eine Wohnsiedlung am Waldesrand in der Nähe zum Getzbach." (Quelle: Geschichtliches Eupen, Band [...], 20[...])

„Dat is' aber noch längst nich' alles!", eiferte sich Natalie, die ihre Scheu überwunden hatte und ihrer offensichtlichen Begeisterung für das Thema nun freien Lauf ließ.

'Da hat dein Deutschlehrer alles richtig gemacht!', schoss es Hauptinspektor Willems durch den Kopf. Es freute ihn zu sehen, dass Jugendliche offenbar doch nicht ausschließlich mit Dingen zu begeistern waren, die sich innerhalb eines Displays abspielten.

„Talin und ich ham nämlich im Anschluss an die Lektüre 'ne kleine Umfrage in d'r Eupener Bevölkerung durchgeführt. Die is' übrigens auf YouTube einsehbar. Ich hatte Ihnen ja erzählt, dat Talin 'nen v-log betreibt. Als w'r mit d'r Partnerarbeit

---

1 Daaver war im Eupener Dialekt die Bezeichnung für Birkenrinde, die früher ein beliebter Brennstoff zum Ofenanheizen war. Daaver Janne hieß ein Mann aus dem benachbarten Dorf Raeren, der im Wald Lohe schälte und den Leuten öfter ein Bündel Birkenrinde mitbrachte und verkaufte.

begannen, fragte er mich, ob's für mich okay sei, die Ergebnisse unsrer Recherche dort hineinzustell'n."

„Und war's okay für dich?", fragte Inspektorin Claes.

„Klar, warum nich'? Außerdem," das Mädchen senkte verlegen ihren Blick zu Boden, „war ich einfach nur froh, Teil von Talins v-log zu sein. Der is' bei uns Schülern nämlich ziemlich beliebt, wissen Se? Und ich ... ich ..."

„Du gehörst eher zu den Schüchternen und warst froh, endlich auch mal im Rampenlicht zu steh'n", beendete Hauptinspektor Willems den Satz, womit er sich einen bösen Blick seitens seiner Kollegin einhandelte. Doch zu ihrer Überraschung nickte Natalie eifrig und sagte:

„Genau! Ich weiß, dat ich eigentlich keinen Wert drauf leg'n sollte, aber im Anschluss verhielt'n sich viele Mitschüler ganz anders mir geg'nüber. Als hätt'n se plötzlich meine Anwesenheit in d'r Klasse bemerkt."

„Hm ... Du sprachst davon, dat ihr noch wat rausgefund'n habt, wat nich' in eur'n Unterlag'n stand. Wat is' bei der Umfrage denn rausgekomm'n?", kam Willems wieder auf das eigentliche Thema zurück.

„Nun, die meist'n der Befragt'n hatt'n noch nie wat von Peter Felden gehört, nich' mal die Alteingesess'nen. Daraufhin kam Talin die Idee, einige Waldarbeiter zu interview'n, die aufgrund ihres Jobs vielleicht mehr mit Sag'n und Legend'n aus den hiesig'n Wäldern vertraut sind."

„Und zu welchem Ergebnis seid ihr gekomm'n?", fragte Claes sichtlich interessiert.

„Nun, einer der Holzfäller berichtete, dat er und seine Kolleg'n gewiss raue Burschen seien, die sich vor nix im Wald fürchtet'n; oft würd'n se nachts im Wald schlaf'n, wenn se morgens lad'n musst'n. Nur an einer Stelle im Wald, nämlich im 'Trienemännchens Loch', würd'n se nich' bleib'n, wenn die Nacht hereinbreche. Dann habe selbst ihr Chef gesagt:

'Jungs, lasst alles steh'n und lieg'n, hier spukt's, und wenn w'r moin wiederkomm'n, ham die Geister die Arbeit getan!'.“

„Ehrlich?! Dat hat der Holzfäller zu Protokoll gegeb'n?“, lachte Willems ungläubig auf. Doch Natalie ließ sich nicht beirren:

„Ja, und 's klang nich' so, als wollte er uns verar ... äh, ich mein', uns 'nen Bären aufbind'n!“

„War dieser Holzfäller der einzige, der über Peter Felden Bescheid wusste?“, bohrte Claes weiter nach.

„Nein, 's gab noch 'nen weiter'n. Der behauptete wiederum, dat ihm beim 'Trienemännchens Loch' nie geheuer zumute gewes'n sei, da dort der Geist vom 'Välderke' spuke. Dat war Peter Feldens Spitzname, wie w'r später rausgefund'n ham. Mehr war leider nich' aus ihm rauszukrieg'n.“

„Interessant, interessant ...“, murmelte Willems und beschloss, nach Feierabend mal in Talins v-log reinzuschauen.

Der Rest des Verhörs drehte sich vornehmlich darum, was Talin in den letzten Tagen vor seinem Verschwinden so getrieben hatte. Daraufhin erzählte Natalie, dass er nach der erfolgreichen Präsentation ihres Referates („Wir ham 'ne 28/30 bekomm'n!“) Ende November immer davon gesprochen habe, sich selbst einmal zum „Trienemännchens Loch“ zu begeben, um der Sache auf den Grund zu gehen. Und zwar nachts, um sicherzugehen, dass der Geist, wenn es ihn denn tatsächlich gebe, auch vor Ort war.

Auf Willems' Frage, ob das Mädchen vorgehabt habe, ihren Klassenkameraden zu begleiten, schüttelte dieses vehement den Kopf und gab zu, dass es Angst habe, nachts in den Wald zu gehen; weniger wegen des vermeintlichen Geistes, sondern viel mehr wegen Wildschweinen und anderen Getiers, die sich durch ihr Eindringen bedroht fühlen könnten.

'Kluges Mädel!', hatte Willems gedacht, der nicht sonderlich viel von Mutproben hielt; seine Berufserfahrung als Polizist hatte ihm nur allzu oft vor Augen geführt, wohin solcher Leichtsinn führen konnte.

Jedenfalls habe Talin ihr das nicht krumm genommen, sei aber auch trotz Natalies Bitten nicht von seiner Idee abzubringen gewesen. Und so habe er sich dann am späten Abend des 20. Dezembers auf den Weg dorthin gemacht. Wie sie ihren Klassenkameraden kenne, habe er sicherlich alles sorgfältig per Handy gefilmt, um das Gezeigte anschließend auf YouTube hochzuladen.

Hauptinspektor Willems nickte daraufhin und warf seiner Kollegin einen Blick zu, der besagte, dass aus dem Mädchen soweit nichts Relevantes mehr herauszubekommen war, woraufhin diese Natalie, die gegen Ende hin wieder ziemlich niedergeschlagen wirkte, für ihre konstruktive Mitarbeit dankte und sie schließlich nach Hause fuhr.

8. Türchen
22. Dezember, später Nachmittag

Wenngleich der Eupener Weihnachtsmarkt von der Größe her nicht mit seinem Pendant im benachbarten Aachen, hinter der deutschen Grenze, mithalten konnte (welcher bereits mehrfach unter die Top Ten der schönsten Weihnachtsmärkte gewählt worden war), freute sich Hauptinspektor Willems doch jedes Jahr darauf, eine Runde über die „Klötzerbahn" zu drehen, jenen öffentlichen Platz, auf dem die Holzbuden aufgestellt waren.

Inmitten des Platzes war vor einigen Jahren ein Bassin angelegt worden, das im Sommer zahlreiche Kinder zum Planschen anlockte; nun aber überzog eine hauchdünne Eisschicht das seichte Wasser, die im Schein der umliegenden Weihnachtsbeleuchtung funkelte, als handelte es sich ihrerseits um eine meterlange Lichterkette.

Auf seinem Weg hin zur Glühweinbude (sechs Monate vor seiner Pension nahm es Willems nicht mehr allzu genau mit den

Regeln, außerdem war er in Zivil unterwegs) stieg dem alten Polizisten der Duft von Weihnachtsplätzchen und Esskastanien in die Nase; somit machte der Hauptinspektor einen kleinen Schlenker hin zu der offenen Feuerschale, über der Maronen geröstet wurden, und genehmigte sich eine Handvoll der sämigen Köstlichkeit. Das Aufbrechen der heißen Schalen kam ihm dabei sehr zupass, hatte er doch trotz der klirrenden Kälte seine Fäustlinge zu Hause vergessen.

Willems schlug den pelzgefütterten Kragen seines Wintermantels hoch, zog sich die schwarze Husarenmütze tief in die Stirn und setzte seinen Weg über den Weihnachtsmarkt fort, wobei er links und rechts gegrüßt wurde und seinerseits zahlreichen Spaziergängern „Frohe Weihnacht'n!" wünschte.

Wenngleich immer mehr Menschen während der Vorweihnachtszeit in Stress und Hektik verfielen (was nach Ansicht von Willems jedoch weniger auf das eigentliche Fest, sondern viel mehr auf dessen Kommerzialisierung zurückzuführen war), erblickte er doch zu seiner großen Erleichterung immer wieder Passanten, die es ihm gleich taten und bewusst einen Gang zurückschalteten. Bei näherer Betrachtung handelte es sich dabei zwar in erster Linie um ältere Semester wie ihn, doch hin und wieder fiel sein geschulter Blick auch auf junge Erwachsene, die sich gegen den kapitalistischen Strom stemmten und einfach nur das zauberhafte Ambiente genossen oder einen Augenblick innehielten, um eine von unzähligen Schneeflocken dabei zu beobachten, wie sie langsam zu Boden glitt und dort zusammen mit ihren Schwestern einen weißen Teppich bildete.

Dass er an jenem Nachmittag mitunter jungen Pärchen über den Weg lief, die eng umschlungen über den Platz flanierten, störte Willems schon lange nicht mehr – er hatte sich bereits vor Jahren mit seinem Dasein als Junggeselle abgefunden. Wenn es eine Eigenschaft gab, die den Hauptinspektor auszeichnete, dann dessen Fähigkeit, anderen Leuten ihr zwischenmenschliches Glück zu gönnen, ja sich sogar selbst daran zu erfreuen.

Im Grunde genommen verhielt er sich wie eine Pflanze: So wie diese anhand von Chlorophyll Lichtenergie in chemische Energie umsetzte, um daraus lebenswichtige Kohlenhydrate zu bilden, so absorbierte Willems' freundliches Wesen in der Regel die gute Laune seiner Mitmenschen und zog daraus Kraft, um selber mit Mut und Zuversicht durchs Leben zu gehen, ganz gleich, welche Fährnisse dieses für ihn auch bereithalten mochte.

In dieser Hinsicht unterschied er sich eindeutig von seinem literarischen Alter Ego Kommissar Bärlach aus Friedrich Dürrenmatts Kriminalroman „Der Richter und sein Henker", mit dem er seitens seiner Kollegen oftmals zu Unrecht verglichen wurde: Im Gegensatz zu dem völlig desillusionierten und todkranken Ermittler sah Willems trotz seiner jahrzehntelangen Berufserfahrung stets das Gute im Menschen und erfreute sich immer noch bester Gesundheit, wenn man von den kleinen Wehwehchen absah, die das Älterwerden nun mal mit sich brachte. Somit saugte Willems die besinnliche Atmosphäre des Eupener Weihnachtsmarktes wie ein Schwamm in sich auf, damit er für den Rest des Tages, der ganz im Zeichen bedrückender Nachforschungen über den Verbleib des vermissten Jungen stehen würde, moralisch gewappnet war.

Als der Hauptinspektor seine letzte Marone vernascht hatte, warf er das leere Papptütchen in einen Abfallkorb und wollte langsam, aber bestimmt Richtung Glühweinbude weiterziehen, als plötzlich die umliegenden Patrizierhäuser sowie die große Friedenskirche von lautem Glockengeläut widerhallten. Willems schirmte seine hinter einer dicken Hornbrille verborgenen Augen vor dem dichten Schneetreiben ab und versuchte den Urheber auszumachen, obschon er natürlich bereits wusste, wer dem Eupener Weihnachtsmarkt in diesem Moment die Ehre erwies.

Und richtig: In einigen Metern Entfernung rollte eine Kutsche, gezogen von vier mit dicken, roten Decken vor der Kälte geschützten Schimmeln auf das Kopfsteinpflaster, so dass sich das Klappern der Hufe zum Glockengebimmel hinzugesellte – ebenso wie die Rufe zahlreicher begeisterter Kinderstimmen, die wie im Chor riefen: „Der Nikolaus is' da!"

Ja, der Heilige Mann war tatsächlich erschienen, um all' jene Kinder (und deren Eltern) zu belohnen, die sich nicht von den extremen Witterungsverhältnissen hatten abhalten lassen, ein wenig frische Luft zu schnappen. Binnen weniger Sekunden war die Kutsche von zahlreichen Jungen und Mädchen umringt, die mit leuchtenden Augen zum Heiligen Mann hochblickten, in der Hoffnung, dieser habe ihnen etwas mitgebracht.

Und ihre Erwartungen wurden selbstredend nicht enttäuscht, denn schon machten die ersten Weckmänner die Runde, an denen – nicht eben pädagogisch wertvoll, aber darum scherten sich weder Eltern noch Kinder – kleine Gipspfeifen mit Zucker festgeklebt waren. Die illustre Kinderschar verhielt sich bei der Ausgabe jener Leckerei dermaßen gesittet, dass der treue Knecht Ruprecht, der dem Nikolaus wie immer tatkräftig zur Seite stand, zu keinem Augenblick seine Stimme zu einem bedrohlichen Knurren senken oder gar seine Rute (die eh nur symbolischen Charakter hatte) auspacken musste.

Hauptinspektor Willems lächelte und erreichte schließlich den Ausschank gegenüber der Friedenskirche.

„Ooooh! Alles klar, Herr Kommissar? Frohe Weihnacht'n wünsch' ich! Dat Übliche, nehm' ich an?", erkundigte sich eine alte Dame hinterm Tresen, deren Augen ehrliche Freude über das Auftauchen ihres alljährlichen Stammkunden verrieten.

„Ihnen auch frohe Weihnacht'n, junge Frau! Yes, the same procedure as every year!", bestätigte dieser und freute sich innerlich wie Bolle auf den heißen Glühwein „Spezial" mit einem kräftigen Schuss Amaretto – ebenso wie auf das angeregte Gespräch, das er gewissermaßen gratis dazubekam.

„Wie steh'n die Aktien, Herr Hauptinspektor?", fragte die Betreiberin der Glühweinbude, während sie ihre Schöpfkelle in den großen Kessel tauchte, um ihrem Kunden eine großzügige Portion des klassischen Weihnachtsgetränks einzuschenken.

„Kann nich' klag'n, Verehrteste, kann nich' klag'n! In wenig'n Sekund'n werd' ich mich an Ihrem Glühwein lab'n und weiße Weihnacht'n sind so gut wie gesetzt – wat will man mehr?", antwortete Willems, der sich energisch die Hände rieb und hinein blies.

„Ihnen wird gleich warm werd'n!", versicherte die alte Dame mit ihrer zartschmelzenden Raucherstimme (wobei der Hauptinspektor sie noch nie eine Zigarette in der Hand hatte halten sehen – während sie ihn noch nie in Begleitung einer Frau gesehen hatte, was die Betreiberin der Glühweinbude, die ihrerseits seit knapp 35 Jahren glücklich verheiratet war, stets bedauerte).

„Bitt'schön, der Herr! Wohl bekommt's!"

„Ergebenst'n Dank, meine Teuerste!", frohlockte der Angesprochene, griff nach dem würzigen Heißgetränk und nippte genüsslich daran.

„Aaah, dat tut gut! Darauf hab ich mich schon 'n ganz'n Tag – ach, wat sag ich? Dat ganze *Jahr* gefreut!"

„Den ham Se sich auch redlich verdient!", erwiderte die Bedienung. „Darf ich Ihnen 'ne Frage stell'n?"

„Solang' 's nich' um mein Alter geht", nickte der Hauptinspektor, dessen Brillengläser vom aufsteigenden Dampf ganz beschlagen waren.

„Wurd'n Se mit dem Fall des vermisst'n Jung'n betraut?"

Hauptinspektor Willems überlegte einen kurzen Augenblick, ob er auf die alte Floskel „Dat is' streng vertraulich!" zurückgreifen sollte, entschied sich dann aber dagegen; die zuvorkommende alte Dame (deren Namen er in all' den Jahren nie in Erfahrung gebracht hatte, was irgendwie zum Zauber ihrer Unterhaltung dazugehörte) machte auf ihn nicht den Eindruck, als handle es sich bei ihr um eine sensationsgierige Klatschbase, so dass er wohl getrost ein wenig aus dem Nähkästchen plaudern konnte, ohne dass die Dienstaufsicht davon Wind bekam; außerdem war das Wichtigste eh schon in der Presse breitgetreten worden.

„Unter anderem, ja. Ich bin für die Sichtung seines Handys zuständig", stimmte er zu. Und was die alte Dame daraufhin entgegnete, bestätigte ihn in seiner Ansicht, dass sie ihr Herz am rechten Fleck hatte:

„Geht Ihnen dat nich' an die Nier'n?"

Seiner Gesprächspartnerin ging es demnach weniger um den vermissten Jungen (wobei er keine Sekunde daran zweifelte, dass sie diesen in ihre allabendlichen Gebete einbezog), sondern viel mehr um seinen eigenen Gemütszustand. Ein weiterer Beweis dafür, dass sie keine oberflächliche Konversation betrieb, sondern sich ehrlich für ihn interessierte; ein Jammer, dass sie schon vergeben war!

„Ich mein', ich hab mich immer gefragt, wie Sie das aushalt'n, tagtäglich mit solch schrecklich'n Geschehniss'n zu tun zu ham. Nehm'n Se dat nich' mit nach Haus?"

Hauptinspektor Willems nahm einen weiteren Schluck von seinem Glühwein, bevor er antwortete:

„Nun, erstens geschieht so wat in unsrer Kleinstadt Gott sei Dank nich' alle Tage. Zweitens ham w'r jederzeit die Möglichkeit, 'nen internen Psycholog'n aufzusuch'n, sollte uns 'n bestimmter Fall zu sehr mitnehm'n."

„Und nimmt Se dieser Fall denn mit?"

„Nun ja ... Ich mein', kurz vor Heiligabend sein Kind zu verlie ..." Willems biss sich auf die Zunge: „Ähm, wollte sag'n, kurz vor den Festtag'n nich' über 'n Verbleib des eignen Sohns im Bilde zu sein, muss schrecklich für die Angehörig'n sein."

Die alte Dame hatte zu viel Taktgefühl, um weiter in den Hauptinspektor zu dringen, fügte aber noch hinzu:

„Ich zweifle nich' an den Qualität'n Ihres polizeiinternen Seelenklempners. Aber wenn Se mal außerhalb der Arbeit jemand'n zum Zuhör'n brauch'n, wissen Se ja, wo Se mich find'n – zumindest für die kommend'n drei Tage."

„Dat is' sehr liebenswürdig von Ihnen, viel'n Dank! Wiss'n Se, 's klingt hart, aber im Laufe der Zeit legt man sich bei der Kripo 'n dickes Fell zu und versucht, nich' allzu viel an sich ran zu lass'n. Dat is' 'ne immer wiederkehrende Gratwanderung, versteh'n Se? Weder abzustumpf'n noch dran zugrunde zu geh'n. Ich glaub, 's is' mir im Verlauf der letzt'n Jahre mal mehr, mal weniger gut gelung'n."

„Daran hege ich keinen Zweifel", versicherte die Bedienung, die einen Schlussstrich erkannte, wenn er gezogen wurde. „Noch 'n Gläsch'n?"

„Liebend gern, muss aber leider pass'n. Bin nämlich im Dienst, und schon dieser Glühwein war einer zu viel. Ich muss zurück ins Büro und mich wieder an die Arbeit mach'n."

„Dann will ich Se nich' länger aufhalt'n. Ich hoff', w'r seh'n uns nochmal, bevor 's Christkind kommt?"

„Darauf können Se Gift nehm'n!", zwinkerte Willems ihr zu, legte ein großzügiges Trinkgeld auf den Tresen, zupfte galant an seinem Hut und verabschiedete sich, derweil die Glocken der Friedenskirche zur vierten Stunde schlugen.

9. Türchen

22. Dezember, später Nachmittag

Zurück auf dem Revier knöpfte sich der Hauptinspektor endlich das Smartphone des Vermissten vor. Das iPhone (*'Junge, Junge, ich frag mich, woher die in dem Alter 's Geld dafür ham!'*) wurde durch eine türkisfarbene Hülle geschützt, die den Beamten am schneeweißen Tatort regelrecht ins Gesicht gesprungen war.

Willems erwartete schon zahlreiche Sprünge (auch „Spiderman-App" genannt) auf dem Display, wurde jedoch eines Besseren belehrt, als er die Akkuhülle aufklappte: Der Touchscreen wies nicht den kleinsten Kratzer auf.

'Wenigstens gibt er Acht auf sein teures Zeug', sinnierte Willems und schaute kurz auf ein Foto des Vermissten an der Pinnwand über seinem Schreibtisch, an dessen unterem Rand er den Pin – Code in krakeliger Schrift gekritzelt hatte. Wenige Sekunden später konnte seine Recherche beginnen, wobei er zugeben musste, dass Natalie und Talin ihm dank ihrer akribischen Vorgehensweise bereits einen Großteil der Arbeit abgenommen hatten. Die meisten der zuletzt gespeicherten Videos drehten sich allesamt rund um das Kurzreferat zum Thema Peter Felden; bis auf eine Handvoll Bilddateien, die allesamt vom 20. Dezember, also dem Tag des Verschwindens, datierten, hatte Talin sämtliche Ergebnisse tatsächlich bereits bei YouTube hochgeladen, wie Willems feststellte, als er parallel zum Handy des Vermissten seinen Laptop wieder hochgefahren und Talins Kanal angeklickt hatte. Den Hauptinspektor kribbelte es in den Fingern, den ersten Clip anzutippen, immerhin handelte es sich dabei um eine Zusammenfassung der letzten Stunden im Leben des Jungen, bevor dieser vermisst wurde. Das Erste, was

sich seinen müden Augen darbot, war eine verschneite Wiese, die aus einigen Metern Entfernung festgehalten wurde, während im Hintergrund die unverwechselbare Stimme von Kay Starr erklang, jener bekannten US-amerikanischen Jazz- und Popsängerin, die während der 1950er Jahre ihre größten Erfolge gefeiert hatte – unter anderem mit dem Song „December", dem Talin für seine Eröffnungsszene den Vorzug gegeben hatte.

„Guter Geschmack, muss ich zugeb'n!", murmelte Willems und fragte sich zugleich, woher ein Siebzehnjähriger mit solch ollen Kamellen vertraut war.

„December, it always happens in December,
I get the yearning for a Christmas I know, with holly and snow."

Die Kamera zoomte zurück und gab weitere Details preis, beispielsweise einen majestätischen Baum, durch dessen kahle Äste die tief stehende Sonne filterte. Nebelschwaden waberten um einen kleinen, zugefrorenen Bach, der in der Nähe dahinfloss, und im Hintergrund waren die Ausläufer eines großen Nadelwaldes zu erkennen.

„The lighted Christmas trees and windows at night
so cheerful and bright, and all the world a wonderland."

Spätestens, als Talin noch weiter zurückfuhr (wobei sich herausstellte, dass er durch ein großes Panorama-Fenster hindurch gefilmt hatte) und somit den Blick auf eine große Schnellstraße freigab, die am unteren Ende der Wiese entlang verlief, wusste Hauptinspektor Willems, wo die Aufnahme gemacht worden war, nämlich im Langesthal, wo, wir erinnern uns, Peter Felden angeblich um Mitternacht auf seinem dreibeinigen Schimmel dahergeritten kam.

„And so no matter what my fortune may be or where I may rome, in
December, I'll be going home", trällerte Kay Starr, als die Kamera schließlich einige Sekunden im Bild verweilte, bevor zur nächsten Aufnahme gewechselt wurde, derweil Willems inständig hoffte, dass die 2016 verstorbene Sängerin im Fall von Talin Recht behalten würde.

10. Türchen

In der nächsten Einstellung war dieser zu sehen, wie er sich in einer winterlich geschmückten Küche an einem schweren Eichenholztisch niederließ, auf dem bereits der voll bepackte Nintendo Entertainment System-Rucksack seines Einsatzes harrte.

'Wo der wohl abgeblieb'n is'?', fragte sich Willems, lauschte aber gleich darauf Talin, der sich an die Zuschauer richtete:

„Frohe Weihnachten da draußen, wo immer ihr sein mögt!" Der Junge hatte eine angenehme Stimme, die für einen Eupener überraschend dialektfrei klang.

Dennoch hatte Willems nie verstanden, welche Beweggründe – abseits von Geltungssucht – jemanden dazu bringen konnten, sich im Internet in Szene zu setzen; seine KollegInnen konnten wahrhaftig ein Lied davon singen, wie viel Schindluder im Zusammenhang mit sozialen Netzwerken oder Videoportalen getrieben wurde. Wie konnten Eltern es beispielsweise verantworten, ihr affektiertes, siebenjähriges Töchterchen beim Spielen mit Barbie und Co. zu filmen und das Video im Anschluss voller Stolz bei YouTube hochzuladen?!

Talin hingegen hatte keinerlei Starallüren, obschon er sich in Eupen und Umgebung durchaus einen Namen als YouTuber gemacht hatte, der nicht bloß das neuste Videospiel etc. testete. Seine Themen waren breit gefächert und sowohl in puncto Kameraführung als auch Montage fast schon professionell in Szene gesetzt – so auch dieses Mal.

Talin breitete lächelnd die Arme aus:

„Das ist unser Zuhause, auf dessen Bequemlichkeit ich heute Abend verzichten werde, um den Geist von Peter Felden zu jagen." Der Junge senkte die Arme wieder und legte eine künstlerische Pause ein, bevor er einen deutlich ernsthafteren Ton anschlug:

„Ich möchte keinesfalls reißerisch wirken oder die Leute hinters Licht führen, da ich finde, dass man an diese Thematik so ehrlich und direkt wie möglich herangehen sollte. Die Legende an und für sich beunruhigt immerhin schon stark genug, da braucht man nicht großartig etwas hinzuzudichten."

'Der Junge hat echt Talent! Wirkt fast wie 'n gottverdammter Nachricht'nsprecher oder Talkmaster!', dachte der Hauptinspektor, als mit Hilfe einer flexiblen Kreuzblende zur nächsten Szene gewechselt wurde.

11. Türchen
22. Dezember, später Nachmittag

Diese begann mit einer Nahaufnahme eines winzigen Nussknackers, der mit Hilfe einer goldenen Kordel an einem Nadelzweig befestigt worden war; während die Kamera bedächtig zurückfuhr, taten sich immer mehr Details auf, bis schließlich ein festlich geschmückter Weihnachtsbaum in seiner ganzen Pracht zu sehen war.

Sowohl die umstehenden Möbel als auch die Weihnachtsdekoration verrieten Hauptinspektor Willems, dass Talins Familie überaus wertekonservativ war, was in deren Fall, soweit er das in den persönlichen Gesprächen hatte feststellen können, jedoch keineswegs negativ gemeint war.

Böse Zungen mochten angesichts der rustikalen Eichenholzmöbel, der fein säuberlich aufgereihten Familienfotos auf dem Kaminsims (von dem übrigens drei rote Strümpfe herabbaumelten – Talin war Einzelkind) oder der Tapete, deren Motive irgendwo in den 1970er Jahren stehengeblieben waren, von Spießbürgertum reden.

Doch Talins Tätigkeit als beliebter YouTuber strafte diese Kritiker Lügen, und seine Eltern hatten auf Willems auch nicht den Eindruck gemacht, als handle es sich bei ihnen um engstirnige Personen, die ihre geistige Unbeweglichkeit zelebrierten und jeglichen gesellschaftlichen Veränderungen ablehnend gegenüber standen.

Auch in dieser Szene hatte sich Talin nach Ansicht des Hauptinspektors wieder für ein passendes Lied im Hintergrund entschieden, denn Hollywoods „Sauberfrau" der 1950er und 60er, nämlich Doris Day, versprach hoch und heilig:

„I'll be home for Christmas
if only in my dreams."

Hauptinspektor Willems lief bei dem bedeutungsschwangeren Musikstück ein Schauder über den Rücken und er fragte sich, ob Talin wohl geahnt hatte, was ihm im Verlauf der Nachtwanderung blühen würde.

Der Junge richtete die Kamera nun auf einen großen Flachbildfernseher, der zwischen Kamin (in dem ein behagliches Feuer prasselte) und Weihnachtsbaum an der Wand hing. Am unteren Bildschirmrand war plötzlich eine Hand mit einer Fernbedienung zu sehen, und kurz darauf erstrahlte die Tapete hinter dem 70 Zoller in dezentem Ambilight, jener von der Firma Philips patentierten Technik, in deren Verlauf kleine Leuchtmittel an der Seite des Gerätes das Farbenspektrum des jeweiligen Fernsehbildes auf die Wand dahinter warfen, was die Wahrnehmung des Zuschauers angeblich vergrößern und dessen Augen schonen sollte.

'Jetzt weiß ich endlich, wat ich *mir zu Weihnachten wünsch'!'*, dachte der Hauptinspektor beeindruckt und schämte sich gleich darauf ob dieses Gedankens.

Während Talin sich durch diverse Menüs klickte, sprach er erneut zu seinen Zuschauern:

„Tja, da man uns während unserer Recherche größtenteils hat im Regen stehen lassen, bleibt mir wohl nichts anderes übrig, als den Forstmeister diese Nacht persönlich zu befragen, wie er zu der ganzen Sache steht. Vielleicht ist der Meister ja gesprächiger als so mancher Eupener, den wir vorhin gehört und gesehen haben. Zunächst werde ich mir aber gepflegt 'nen schaurig-schönen Gruselfilm mit weihnachtlichem Ambiente ansehen, bevor ich mich in knapp anderthalb Stunden – denn ungefähr so lange dauert 'Nightmare Before Christmas' – in die Büsche schlagen und Peter Felden auf den Zahn fühlen werde. In diesem Sinne: Bis gleich!"

12. Türchen
22. Dezember, früher Abend

Wenige Sekunden später flimmerte der Abspann jenes düster-romantischen Stop-Motion-Streifens von Kultproduzent Tim Burton über die Mattscheibe. Talin hatte also einen kleinen Zeitsprung gemacht und erhob sich von dem dunkelbraunen Ledersofa, auf dem er sich das kleine Animations-Meisterwerk angeschaut hatte, in dessen Verlauf das Gerippe Jack Skellington keine Lust mehr auf Halloween hat und kurzerhand beschließt, den Weihnachtsmann zu entführen, um dessen Platz einzunehmen.

Das Feuer im Kamin war mittlerweile heruntergebrannt, doch der Junge vergewisserte sich, dass während seiner Abwesenheit kein Hausbrand zu befürchten war, bevor er seinen Rucksack schulterte und sich in den Flur begab.

„Wärste bei d'r Wahl deines Ausflugsziels bloß auch so umsichtig gewes'n!", seufzte der Hauptinspektor.

Nach einer weiteren Überblende sah man Talin in voller Wintermontur auf der Staumauer der Eupener Wesertalsperre, jenem wichtigen Trinkwasserreservoir Ostbelgiens sowie beliebten Ausflugziel im belgisch-deutschen Naturpark Hohes Venn. Willems war der besagte Staudamm wiederum vor allem beruflich ein Begriff, hatten sich doch leider schon mehrere Dutzend Personen im Laufe seiner Karriere durch einen Sprung in die Tiefe das Leben genommen.

Jedenfalls hatte Talin offenbar ein kleines Stativ dabei, welches er mitsamt der Kamera auf der Brüstung der Mauer positioniert hatte, um sich selbst in der Totale zu filmen. Während er mit dem Zeigefinger auf eine der zahlreichen Beleuchtungen ringsum wies, richtete er das Wort wieder an die Zuschauer:

„Dies ist – neben meiner Handybeleuchtung und zwei Taschenlampen im Rucksack – vorläufig die letzte unnatürliche Lichtquelle, bevor ich mich in wenigen Sekunden", harter Schnitt, „dort hineinbegeben werde, und zwar ins völlige Dunkel."

Der zugige Winterwind sowie Talins Stimme, die er dramaturgisch wirkungsvoll zu einem Flüstern gesenkt hatte, verrieten, dass die Kamera noch eingeschaltet war; der YouTuber hatte sie allerdings in Richtung des Waldrandes auf der rechten Seite der Staumauer ausgerichtet, so dass in der Tat nichts als pechschwarze Finsternis zu erkennen war.

Willems pfiff durch die Zähne: „Hast schon Eier, mein Junge, dat muss ich dir lass'n!" Dennoch war es im Grunde genommen unverantwortlich, dass letzterer sich unter solch extremen Witterungsverhältnissen bei Nacht und Nebel allein in den Wald begeben hatte. *'Wat für 'ne Verschwendung!'*, dachte der Hauptinspektor kopfschüttelnd und wollte soeben zur nächsten Szene übergehen, als die alte Leuchtstoffröhre über seinem Kopf plötzlich aufflackerte und für einen kurzen Moment sogar erlosch.

„Herrgott noch eins, wann schick'n die endlich mal 'n Hausmeister?!", fragte sich Willems nicht zum ersten Mal, immerhin flimmerte die Lampe bereits seit geraumer Zeit, doch irgendwie schien er der einzige im Kollegium zu sein, dem das gehörig auf den Senkel ging.

„Wenn dat bis Ende d'r Woche nich' geregelt is', wechsle ich se selbst aus!", brummte der alte Kriminalpolizist und wandte sich wieder Talins Video zu.

13. Türchen

22. Dezember, früher Abend

„Hab nach circa anderthalb Kilometern den ersten Zwischen-stopp erreicht, und zwar eine kleine Blockhütte am Wegrand. Hier mach ich erst mal Pinkelpause."

Willems befürchtete schon das Schlimmste, aber in der nächsten Einstellung hatte Talin bereits sein Geschäft erledigt, denn er hielt zur großen Erleichterung des Hauptinspektors le-diglich ein paar selbst gebackene Weihnachtsplätzchen in der Hand, die entfernt an Rentier Rudolph mit der leuchtend roten Nase erinnerten.

Zumindest legte dies die Musikauswahl im Hintergrund nahe, denn der „singende Cowboy" Gene Autry monierte die Tatsache, dass Dasher, Dancer, Prancer und Vixen, Comet, Cupid, Donner und Blitzen nix Besseres zu tun hatten, als sich über ihren armen Artgenossen Rudolph lustig zu machen.

Doch ebenso wie Santa Claus erkannte auch Talin an jenem nebligen Weihnachtsabend die Vorzüge des sympathischen Außenseiters, während Ersterer allerdings vor allem an des-sen leuchtend roter Nase zwecks Navigationssystem interessiert war, konnte der hungrige Sekundarschüler jeder einzelnen Faser von Rudolphs Gesicht etwas abgewinnen, sei es dem aus Schokoladenstäbchen geformten Geweih, dem Fell aus weißem Zuckerguss oder eben der Cocktailkirsche, welche dem süßen Rentier als Nase diente.

Mit einem Mal verspürte der Hauptinspektor ebenfalls Lust auf etwas Naschwerk, doch über den Christstollen hatten sich bereits die KollegInnen hergemacht und kein Krümelchen übrig gelassen, so dass er sich wohl oder übel bis Feierabend gedulden musste. Achselzuckend richtete Willems seine Aufmerksamkeit wieder auf das Display des iPhones.

14. Türchen

„Ich stehe nun genau vor der Abzweigung runter zum ‘Trienemännchens Loch‘. Ihr seht, noch befinde ich mich auf festem
Untergrund," die Kamera schwenkte kurz nach unten, um
die geteerte Straße einzufangen, „aber schon bald werde ich
einen von Wurzeln und Steinen übersäten Waldweg einschla-
gen, der nach zahlreichen Windungen und Steigungen in
‘Trienemännchens Loch‘ mündet."

Vorher galt es aber offensichtlich noch, eine etwa vier Meter
hohe Schleuse zu passieren, die an jener Stelle den Getzbach
auf seinem Weg zur Wesertalsperre staute. Die Kamera bewegte
sich auf ein weißes Wartungshäuschen zu, in dem eine rote Tür
eingelassen worden war, die Talin aber buchstäblich links lie-
gen ließ, indem er sich an dem kleinen Steinbau vorbeizwäng-
te und eine eiserne Rampe entlangstapfte, die es oberhalb der
Schleuse Wanderern ermöglichte, den Getzbach zu überqueren.

Diese war allerdings, ebenso wie das eiserne Geländer zu
beiden Seiten, von einer dicken Eisschicht überzogen, so dass
Talin gezwungen war, sich im Schneckentempo fortzubewe-
gen, wenn er nicht riskieren wollte, auszurutschen und über
die Brüstung zu fallen.

In kurzen Abständen ausgestoßene Atemwölkchen verrieten dem Hauptinspektor, wie konzentriert der Jugendliche zur
Sache ging, und es wäre auch alles gut gegangen, wenn nicht
urplötzlich ein lautes Rascheln im Unterholz Talin dazu veran-
lasst hätte, sich ruckartig umzudrehen. Das brachte ihn nämlich gehörig ins Straucheln, und es hätte nicht viel gefehlt, da
wäre er rücklings über das Geländer gekippt. Mit einem verzweifelten Hechtsprung warf sich der Junge jedoch nach vorne
und bekam mit einer Hand das gegenüberliegende Geländer zu
fassen.

Dem Hauptinspektor schwirrte der Kopf, denn während dieser Kamikazeaktion hatte das Handy fröhlich weiter gefilmt; erst, als Talin sich wieder einigermaßen unter Kontrolle hatte, wurde er sich dieser Tatsache bewusst, beendete den Wackelmodus und versuchte seinen Schrecken zu überspielen, indem er einige Verse eines weiteren Weihnachtsklassikers vor sich hin sang:

„Just hear those sleigh bells jingling
Ring-ting-tingling too.
Come on it's lovely weather
for a sleigh ride together with you."

Willems schüttelte erneut den Kopf und wollte sich auf seinem Drehstuhl in eine bequemere Position bringen, als dieser plötzlich unter einem unheilvollen Krachen unter ihm zusammenbrach.

„Leck mich doch am Arsch, dat gibt's doch gar nich'!", stöhnte der Hauptinspektor und rieb sich seine alten Knochen. „Funktioniert in diesem verdammt'n Saftlad'n überhaupt noch irgendwat?!"

Nach zwei-drei vergeblichen Versuchen (Willems war noch nie der Gelenkigste gewesen, und sein fortgeschrittenes Alter machte die Sache nicht besser) bekam er die obere Tischkante zu packen und zog sich ächzend daran hoch. Anschließend betrachtete er das corpus delicti, das in der Zwischenzeit einen Bürotisch weiter gerollt war. Willems schickte ihn prompt mittels eines Fußtritts *noch* einen Meter weiter und beging anschließend eine Todsünde, indem er sich kurzerhand den Bürostuhl seines Kollegen krallte und sich darauf niederließ, um sich den Rest des Videos anzuschauen.

15. Türchen

Der Hauptinspektor war immer wieder überrascht, mit welcher Bildqualität moderne Smartphones heutzutage aufwarteten; die Datums- und Uhranzeigen von Talins Handy verrieten ihm, dass es auf die 23.00 Uhr zuging, das heißt, die Sonne war an jenem Tag bereits vor circa sechseinhalb Stunden untergegangen, doch noch immer wirkte das Bild gestochen scharf und jedes Detail im Umkreis des Lichtkegels war deutlich zu erkennen. Freilich, alles, was darüber hinausging, war in pechschwarze Finsternis gehüllt. Da brauchte es schon Nachtsichtgeräte wie diejenigen, mit denen die Suchtrupps ausgerüstet waren.

Ob diese schon Fortschritte erzielt hatten? Nein, laut der „Focus"-App auf seinem Handy, mit deren Hilfe PolizistInnen untereinander Neuigkeiten austauschen konnten, hatte sich nichts Nennenswertes ergeben; darüber hinaus zeigte die ebenfalls enthaltene Karte an, dass alle betroffenen Einheiten weiterhin das Suchgebiet durchkämmten.

Für Willems war die Sache klar: Der Junge war tot und es galt nur noch, herauszufinden, auf welche Art und Weise er gestorben war. Der alte Kriminalpolizist war sich mittlerweile sicher, dass die Videoaufnahmen dabei helfen würden, das Rätsel um die sterblichen Überreste zu lüften. Somit drückte er erneut auf das pfeilförmige Playzeichen, wobei ihm mit einem Mal ein Schauder über den Rücken lief, der aber weniger mit dem gruseligen Geschehen auf dem Display zu tun hatte, sondern von einer klirrenden Kälte herrührte, die sich binnen weniger Minuten über das Büro der R.C.C.U. gelegt hatte.

Willems staunte nicht schlecht, als er zur Abwechslung seine eigenen Atemwölkchen durch den Raum schweben sah, so dass er schnurstracks zum nächstbesten Heizkörper eilte und prüfend seine Hand darauf legte. Und Bingo: Die ehemals weißen, aber nunmehr vergilbten Stahlblechlamellen waren eiskalt.

„Ich glaub, ich werd' wahnsinnig!", rief der Hauptinspektor wutentbrannt und wollte schon den Hausmeister anrufen, als sein Blick auf Talins Handy fiel ... Nur noch wenige Videodateien lagen vor ihm, die wiederum selten länger als drei Minuten dauerten, so dass er es wohl riskieren konnte, sich den Rest anzusehen, ohne zu erfrieren.

Der alte Mann war versucht, sofort das letzte Video anzuklicken, aber das verstieße gegen seine besonnene und sorgfältige Art, mit der er seinen Job zu erledigen pflegte. 40 Jahre lang hatte er nichts übers Knie gebrochen, da würde er doch jetzt nicht damit anfangen!

Einen tiefen Stoßseufzer von sich gebend, schlüpfte er erneut in seinen dicken Wintermantel und ...

16. Türchen

22. Dezember, abends

... sah Talin dabei zu, wie dieser allmählich die Schleuse hinter sich zurückließ und einen schmalen Pfad einschlug, der an der linken Seite des Getzbaches stetig bergauf führte. Der Weg wimmelte in der Tat nur so von Wurzelsträngen und scharfkantigen Steinen, die aus der gefrorenen Erde herausragten. Es handelte sich im wahrsten Sinne des Wortes um eine Gratwanderung: Zwischen der majestätisch aufragenden Felswand zur Linken und der mehrere Meter steil abfallenden Uferböschung zur Rechten bot sich Talin nicht eben viel Spielraum für einen sicheren Tritt, zumal er ja nur eine Hand frei hatte, um sich festzuhalten – mit der anderen zeichnete er weiterhin alles per Video auf.

Der Hauptinspektor hätte am liebsten ins Display hineingegriffen und den Jungen geschüttelt: Wie konnte man nur so leichtfertig sein Leben aufs Spiel setzen?! Irrwitzigerweise hielt Willems das Handy dabei fest umklammert, bis das Weiße unter seinen Fingernägeln zu erkennen war, als befürchtete er, jedwede Regung würde den törichten Jugendlichen unweigerlich in den Abgrund reißen.

Dieser hatte indessen doch tatsächlich den Nerv, einer kleinen Tanne, die aus dem Steilhang zu seiner Rechten in den nachtschwarzen Himmel ragte, eine lilafarbene Christbaumkugel zu verpassen, die er aus seinem Rucksack zutage gefördert hatte. Der Kerl hatte echt Nerven!

Willems hatte sich schon gefragt, ob das Anbringen des Weihnachtschmucks, den die KollegInnen schon vorgestern sichergestellt hatten, auf einem der Videos zu sehen sein würde. Doch ... Moment mal! Dem Hauptinspektor lief es eiskalt den Rücken hinunter, diesmal aber nicht wegen der frostigen Temperaturen im Inneren des Büros, sondern aufgrund der Tatsache, dass in der Nahaufnahme der Christbaumkugel sein eigenes Spiegelbild zu erkennen war!

Der alte Kriminalpolizist kniff ungläubig die Augen zusammen, öffnete sie wieder ... und stellte fest, dass Talin mittlerweile seinen Weg fortgesetzt hatte, so dass er noch einmal mit zittrigem Finger über den Touchscreen wischte, um zurückzuspulen ...

Da! Da war die Aufnahme wieder, und ... ja, es bestand kein Zweifel: Erneut wurde das Gesicht des Hauptinspektors von der dünnen Glasschicht widergespiegelt!

„Wat geht hier vor, zum Teufel?!", hauchte der zu Tode Erschrockene, der allerdings weiterhin wie gebannt auf das Display starrte, auf dem Talin erneut zu seinen Zuschauern sprach:

„Ihr seht, Leute, hier muss ich jetzt wirklich vorsichtig einen Fuß vor den anderen setzen, denn ein falscher Tritt ...", die Kamera versuchte das Bachbett einzufangen, doch der Lichtschein reichte nicht so weit hinunter, „... und man landet einige Meter tiefer im Getzbach. Das wäre dann ein überaus kurzer Ausflug gewesen!"

'Wat de nich' sagst!', lag es dem Hauptinspektor auf den Lippen, doch ein geheimnisvolles Glockenspiel, das urplötzlich von den Wänden der R.C.C.U. widerhallte, drang ihm durch Mark und Bein.

„H-hallo? I-is' da wer?", stammelte Willems, riss sich aber sogleich am Riemen und fügte hinzu: „Wenn ihr mir 'nen Streich spiel'n wollt, is' dat 'n verdammt ungünstiger Zeitpunkt, ihr Saukerle!"

Keine Reaktion.

Als alleinstehender Junggeselle hatte sich Willems zur Erleichterung seiner KollegInnen wie gewöhnlich freiwillig für den Bereitschaftsdienst während der Weihnachtsfeiertage gemeldet; ein Blick auf die Uhr verriet ihm, dass mittlerweile Feierabend war, und wie er seine MitarbeiterInnen kannte, würde zwei Tage vor Heiligabend niemand länger als nötig im Büro verweilen, schon gar nicht, um einem alten Sack wie ihm eins auszuwischen.

Willems wollte schon den CD-Player neben der Kaffeemaschine (die in seinen Augen nur Säure produzierte) unter die Lupe nehmen, als erneut das düstere Glockenspiel erklang, diesmal allerdings bedeutend leiser – und zwar aus Talins Handy. Willems hätte das Smartphone vor Schreck beinahe fallen gelassen, kriegte es aber im letzten Moment noch zu fassen, wobei seine Finger plötzlich zu vibrieren anfingen, da die verstörende Musik mit einem bedrohlichen Bass unterlegt wurde.

'Wo haste diese Musik nun wieder ausgegrab'n?!', dachte der schweißgebadete Kriminalpolizist und versuchte, seine zittrige Hand wieder unter Kontrolle zu bekommen. 'Ruhig, Brauner!', ermahnte er sich und atmete ein paar Mal tief durch.

Neben einer bittersüßen, melancholischen Melodie, die immer wieder durch das furchteinflößende, stoßartige Glockenspiel unterbrochen wurde, mischte sich nun ein intonierender Männerchor, der Willems irgendwie an gregorianische Mönchsgesänge erinnerte, wobei diese von der Stimmung her eher den Teufel anzubeten schienen. Gebannt folgte der Hauptinspektor dem Jungen weiter durch den düsteren Wald ...

17. Türchen

22. Dezember, abends

Talin wirkte nun ebenfalls überaus angespannt: War er bisher stets mit einem flotten Spruch bei der Hand gewesen, so war er nun in tiefes Schweigen verfallen und zuckte zusammen, wann immer ein Geräusch in unmittelbarer Umgebung zu hören war. Aufzugeben schien für ihn jedoch weiterhin keine Option zu sein, denn er setzte beständig einen Fuß vor den anderen, kraxelte über Stock und Stein und kämpfte sich verbissen durch den Schnee. Wenn der Pfad, der mittlerweile stetig bergab, in Richtung Wasser, führte, nicht entlang des Getzbaches, sondern quer durch den Wald verlaufen wäre, hätte der Junge sich binnen kürzester Zeit verirrt, so viel stand fest.

Die Frage war nur, ob er denselben Weg zurückgenommen oder einem bergauf führenden Waldweg den Vorzug gegeben hatte, der circa hundert Meter hinter „Trienemännchens Loch" scharf nach links abbog und den Steilhang hinaufführte, an dem sich Talin zurzeit noch entlangtastete. Wie ein Blick auf die Karte verriet, führte der besagte Pfad an dessen oberen Ende in Form einer großen Schleife nach zwei – drei Kilometern schließlich wieder zu der Schleuse zurück, auf welcher der Junge vorhin um ein Haar den Halt verloren hätte.

Es gab natürlich noch eine dritte Option, und aufgrund der seltsamen Vorkommnisse in seinem Büro erschien diese dem alten Kriminalpolizisten gar nicht mehr so abwegig: Peter Felden war tatsächlich auf den Plan getreten und mitsamt Ross und Jungen zur Hölle gefahren!

„Ach, Humbug!", wischte Willems diesen Gedanken beiseite und konzentrierte sich stattdessen wieder auf das Display.

18. Türchen

„Ladies and Gentlemen, da wären wir! Herzlich Willkommen im 'Trienemännchens Loch'!", flüsterte Talin erleichtert, wobei der Hauptinspektor nicht zu sagen vermochte, ob es daran lag, dass der Junge die halsbrecherische Strecke unbeschadet hinter sich gebracht oder die unglückselige Lichtung verlassen vorgefunden hatte.

'Wahrscheinlich 'ne Mischung aus beid'n', schlussfolgerte Willems und strengte seine müden Augen an, um etwas in den Nebelschwaden zu erkennen, die wie bleiche Fangarme dem Bach entstiegen und nach dem Eindringling zu greifen schienen ...

„Ich werde versuchen, für euch ein wenig die Gegend zu erkunden, soweit mir das aufgrund des geringen Lichtscheins möglich ist. Aber ihr habt mir bis hierher die Treue gehalten, da bin ich zuversichtlich, dass euch auch dieser dichte Nebel nicht daran hindern wird, gemeinsam mit mir dem Geheimnis von Peter Felden auf den Grund zu gehen!"

Aus einem ihm unerfindlichen Grund hielt es Hauptinspektor Willems für keine gute Idee, den Namen des verwunschenen Forstmeisters laut auszusprechen. Einerseits weigerte er sich weiterhin hartnäckig, an Gespenster und dergleichen zu glauben, andererseits musste man das Unheil ja auch nicht gleich heraufbeschwören.

Er hatte diesen Gedanken noch nicht zu Ende gedacht, da krochen plötzlich feuchte Nebelschwaden aus den Bodenritzen unter seinem Schreibtisch hervor, die sich binnen Sekunden zu einer wabernden Dunstglocke verdichteten, als habe jemand klammheimlich eine Nebelmaschine angeworfen.

„Teufel noch eins!", entfuhr es Willems, der mit einem Mal nicht mehr die Hand vor Augen sah. Das Einzige, was in der trüben Suppe noch zu erkennen war, war das Display des Handys, welches der Hauptinspektor immer noch in der Hand hielt. Allerdings hatte sich ein wässriger Film aus Kondenswasser darüber gelegt, den Willems aus einem Reflex heraus beiseite wischte, um das Bild wieder freizugeben, auf dem sich nun folgendes abspielte ...

19. Türchen

22. Dezember, abends

„Ich werde mich zunächst einmal zur Brücke begeben", erklärte Talin und ließ seinen Worten Taten folgen. Willems spürte unwillkürlich, wie sich sämtliche Nackenhaare aufrichteten, und schrie dem Jungen zu:

„Nein! Warte, tu's nich'!"

Im gleichen Moment kam er sich überaus bescheuert vor – als ob der Junge ihn hören könnte! Immerhin lag das Gefilmte mittlerweile schon über 48 Stunden zurück. Doch zu seiner großen Überraschung hielt Talin für einen kurzen Moment in der Bewegung inne und blickte sich mitsamt der Kamera um, als sei er auf etwas aufmerksam geworden ...

Willems brach der kalte Schweiß aus. Dann jedoch setzte der Schüler seinen Weg fort und betrat schließlich die klapprige Brücke, deren mitunter morsche Planken mit einer spiegelglatten Eisschicht überzogen waren. Talin hielt sich vorausschauend an dem wurmstichigen Geländer fest, derweil der Hauptinspektor sein Blut in den Ohren rauschen hörte.

Gleich würde etwas Entsetzliches geschehen, dessen war er sich sicher! Wie in dem Märchen von den „Drei Ziegenböcken", das seine Mutter ihm als kleiner Junge immer hatte vorlesen müssen; in diesem waren die namengebenden Tiere auf dem Weg zu einer mit saftigem Gras bewachsenen Alm, mussten zu diesem Zweck jedoch eine Brücke überqueren, unter der ein hungriger Troll lauerte.

„'Wer trippelt und trappelt da über meine Brücke?'", wisperte Willems mit brüchiger Stimme, während Talin seine Armbanduhr – natürlich eine Apple Watch – in die Kamera hielt:

„23.57 Uhr. In wenigen Minuten ist es soweit und wir werden sehen, ob an der Legende von Peter Felden etwas Wahres dran ist!"

„'Nein, das tust du ganz bestimmt nicht'", rief sich der Hauptinspektor die Antwort des Trolls in Erinnerung, „'ich werde dich nämlich gleich verschlingen!'"

Die Temperatur war in den Keller gefallen und der Nebel hatte mittlerweile sowohl den Kriminalpolizisten als auch den Jungen vollständig eingehüllt. Eine eisige Klaue aus Furcht legte sich um das Herz des Hauptinspektors.

„Ich befinde mich hier offenbar in einem Funkloch", fuhr Talin fort, „denn laut meinem Handy ist nur Notruf möglich."

„'Wie du meinst'", zitierte Willems weiterhin den Troll und machte sich auf das Schlimmste gefasst ...

20. Türchen

22. Dezember, abends

„Vielleicht könnt ihr das auch erkennen, ich bin mir nicht sicher, hier steht jedenfalls auf einem Stein eingraviert: 'Trienemännchens Loch'." Talin war bis zum anderen Ende der Brücke geschlittert und hielt die Kamera auf einen der schweren Betonsockel gerichtet, die zu beiden Seiten in die Uferböschung eingelassen worden waren, um den jeweiligen Stützpfeilern ein solides Fundament zu geben. Und tatsächlich: Zwischen hin und her tanzenden Schneeflocken konnte der Hauptinspektor die eingestanzten Buchstaben erkennen. Wenn der Junge doch bloß die Beine in die Hand nehmen und das verfluchte Tal verlassen würde! Stattdessen verkündete dieser allen Ernstes:

„Wisst ihr was? Die verbleibenden zwei Minuten bis Mitternacht werde ich nutzen, um einmal unter der Brücke nach dem Rechten zu sehen!"

'Is' der Kerl von all'n gut'n Geistern verlass'n?!', dachte Willems und erschauderte gleich darauf, als er des unseligen Wortspiels gewahr wurde. Dabei registrierte er nur ganz am Rande, dass es innerhalb des Büros ebenfalls angefangen hatte zu schneien, obschon die beiden Fenster fest verschlossen waren!

Der alte Kriminalpolizist hätte nun unter gar keinen Umständen seinen Blick mehr von dem Handy abwenden können, und wenn sein Leben davon abhinge.

Während der Alte also von einer hauchdünnen Schneeschicht bedeckt wurde, rutschte Talin auf seinem Allerwertesten die ungefähr anderthalb Meter hohe Uferböschung hinunter.

„Da! Da is' der Strauch, in dem w'r dat Handy gefund'n ham!", rief Willems aufgeregt und zeigte mit dem Finger darauf, als blicke ihm ein interessierter Kollege über die Schulter. Das bedeutete, dass es nun jeden Moment soweit sein konnte und hoffentlich das Rätsel über den Verbleib des Jungen gelüftet werden würde!

21. Türchen
22. Dezember, abends

Talin ging in die Hocke und testete mit einem Fuß, ob die Eisschicht des Baches ihn tragen würde, doch dieses zerbrach unter einem leisen Knacken, das Willems unwillkürlich an eine bestimmte Eisreklame im Fernsehen denken ließ. Da der Bach an jener Stelle jedoch nicht allzu tief war und seine Wanderschuhe offenbar mit einer wasserdichten Gore-Tex-Membran überzogen waren, watete Talin kurzerhand durch das dahinplätschernde Gewässer und näherte sich laut Uhranzeige um 23.59 Uhr zielstrebig der Brücke ...

22. Türchen

Willems musste seine Brille abnehmen, da sie vollkommen eingeschneit war und er somit nichts erkennen konnte. Fahrig fuhr er mit einem Stofftaschentuch darüber und richtete seinen Blick anschließend wieder auf das vermaledeite Display. Talin war mittlerweile unter die Brücke gekrochen und richtete den Schein der Lampe gerade ...

„Tripp, trapp, tripp, trapp!", erklang es plötzlich in einigen Metern Entfernung. Geistesgegenwärtig (wieder so ein gemeines Wortspiel!) schaltete Talin blitzschnell die Lampenfunktion aus, ließ die Kamera aber einstweilen weiterlaufen. Das Hufgetrappel kam näher ...

Ein bläulicher Schimmer drang durch die Ritzen unmittelbar über Talins Kopf, wie herabzuckende Blitze, welche Bach und Jungen in ein gespenstisches Licht tauchten.

„Oh mein Gott! Oh mein Gott!", wisperte Willems, der mittlerweile einem großen Schneemann glich.

Eher schlecht als recht waren durch die Dielen drei schwere, dreckverkrustete Hufe zu erkennen, die jedoch nur angedeutet waren und sogleich zu einer unförmigen, nebligen Masse verschwammen, sobald man sich darauf konzentrierte.

Eine grabesdunkle Stimme hieß das Tier mit einem grollenden „Brrrrr!", stillzustehen. Staub rieselte auf den ängstlichen Jungen herab, der kurz vor dem Hyperventilieren stand, jedoch weiterhin mit zittrigen Händen seine Kamera in Richtung der Planken hielt.

In diesem Moment begann das gespenstische Pferd zu schnauben, und der Hauptinspektor fühlte mit einem Mal Myriaden von Wassertröpfchen auf seinen Nacken herabklatschen. Mit einem Ruck drehte Willems sich um ...

23. Türchen

22. Dezember, abends

Obschon das Büro des Hauptinspektors mittlerweile trüb vor Nebel und Schneeflocken war, erschien die Gestalt vor ihm in furchterregender Deutlichkeit. Zugleich – und das brachte den Kriminalpolizisten endgültig um den Verstand – vermochte er durch sie hindurchzusehen! Es war ein großer Gaul, der einen vergleichsweise kleinen Reiter trug, in dessen bleichem Gesicht stechende Augen wie feurige Kohlen glühten.

Er trug einen langen, grünen Wintermantel, auf dem strähnigen Haar eine ebenfalls grüne Baschlik-Mütze aus Loden. Während er mit einer knochigen Hand die Zügel umfasste, streckte er die andere auffordernd in Richtung des Hauptinspektors aus ...

24. Türchen

Online-Artikel des „GrenzEcho" vom 23.12.

Vermisster Jugendlicher im Wald wiedergefunden
Eupen – Nicht nur heftiger Schneefall hat die Polizei der Zone Weser-Göhl in Atem gehalten: Die Beamten durchkämmten bekanntlich seit vier Tagen den Wald nach dem vermissten Jugendlichen Talin L. – und wurden schließlich für ihre Mühen belohnt.

Seit vergangenem Samstag befanden sich die Polizisten gemeinsam mit Holzrückern und Feuerwehrleuten auf der Suche nach einem vermissten Jugendlichen, der von einer Nachtwanderung im nahe gelegenen Hertogenwald nicht zurückgekehrt war (das „GrenzEcho" berichtete).

Gestern Abend gegen 18.00 Uhr konnte der siebzehnjährige Talin L. schließlich durch drei Waldarbeiter leicht unterkühlt und verwirrt unter einer Brücke am Getzbach aufgefunden werden.

Die Stelle verwundert insofern, als dass die Beamten bereits zu Beginn der groß angelegten Suchaktion dort vorbeigekommen waren, jedoch lediglich das Handy des Jugendlichen hatten sicherstellen können. Offenbar hatte sich Talin L. verlaufen, war jedoch nach tagelangem Umherirren wieder an jener Stelle ausgekommen, die im Volksmund auch unter dem Namen „Trienemännchens Loch" bekannt ist.

Der Junge stehe nach Angaben der Polizei noch unter Schock und sei demnach nicht vernehmungsfähig, habe aber etwas von einem „seltsamen, blauen Leuchten" berichtet, das ihn im Umkreis der Brücke geblendet habe. Ob es sich dabei um ein natürliches Phänomen handelte oder der Junge aufgrund seiner Dehydrierung und Erschöpfung unter Halluzinationen litt, ist noch nicht bekannt.

Indessen können sich die Beamten keine Verschnaufpause gönnen, denn seit gestern Abend fehlt nahezu jede Spur von einem ihrer Kollegen, nämlich Hauptinspektor Willems. Dieser war im Zuge der Ermittlungen im Fall Talin L. unter anderem mit der Sichtung des oben erwähnten Smartphones betraut worden.

Als Inspektor Claes von der R(egionalen). C(omputer). C(rime). U(nit). gestern Morgen ins Büro zurückgekehrt sei, habe er dieses wider Erwarten verlassen vorgefunden, wobei zwei sperrangelweit offen stehende Fenster aufgrund des Schneesturms für reichlich Chaos gesorgt hätten.

Inspektor Claes könne sich nicht erklären, aus welchen Gründen Kollege Willems offenbar völlig überhastet aufgebrochen sei, ohne eine Nachricht zu hinterlassen, was dem gewissenhaften Hauptinspektor gar nicht ähnlich sehe. Darüber hinaus bleibe noch zu klären, wie Talins Handy, das die Polizei in Gewahrsam genommen, den Weg zurück in die Hände seines Besitzers gefunden habe, bevor dieser entdeckt worden sei.

Die Beschreibung des Vermissten:

Balthasar Willems (65) ist etwa 182 cm groß, korpulent und hat kurze, graue Haare sowie einen grauen Schnurrbart. Er trägt eine dicke Hornbrille, ein schwarz-rot kariertes Baumwollhemd, blaue Jeans, einen pelzgefütterten, schwarzen Wintermantel sowie beigefarbene, von innen mit weißer Wolle gefütterte Winterschuhe. Auf dem Kopf trägt er eine schwarze Husarenmütze.

Wer Angaben zum derzeitigen Aufenthaltsort von Balthasar Willems machen oder sonstige Hinweise geben kann, wird gebeten, sich mit der Polizei in Eupen (Telefon [...]) oder jeder anderen Polizeidienststelle in Verbindung zu setzen.

Ende

Danke

Diese Kurzgeschichte schrieb sich gewissermaßen von selbst – nachdem ich sie endlich einmal in Angriff genommen hatte.

Die erste Anregung dazu bekam ich vor knapp 15 Jahren bei einem Gespräch mit meinem geschätzten Kollegen und Freund Marcel Schmetz, seines Zeichens Deutsch-, Theater-, Englisch- und Philosophielehrer (hab ich etwas vergessen?) an der Pater-Damian-Sekundarschule Eupen. Er war es, der mir seinerzeit den Floh mit Peter Felden ins Ohr gesetzt hat – thanx a bunch, buddy!

Wir hoffen, dass dieses Buch Ihren Erwartungen gerecht wurde!
Bitte teilen Sie uns Ihre Anmerkungen oder Kritik mit.
Wir freuen uns über jede Anregung und jeden Verbesserungsvorschlag.
Der Austausch mit unseren Leserinnen und Lesern liegt uns am Herzen.

GEV

Marktplatz 8 - BE-4700 Eupen
Tel. 0032 (0)87 59 13 03
buchverlag@ge-media.be
www.gev.be